사랑한다는 말,

미치도록, 죽도록 사랑한다는 말

사랑한다는 말,
미치도록, 죽도록 사랑한다는 말

초판 1쇄 인쇄 2008년 6월 15일
초판 1쇄 발행 2008년 6월 20일

지은이 | 장서인
펴낸이 | 김태봉
펴낸곳 | 도서출판 띠앗
등 록 | 제4-414호

편 집 | 황은진, 김주영, 김미란
기 획 | 정종해, 장승윤
일러스트 | 조시형
마 케 팅 | 박상필
홍 보 | 이준혁

주소 | (우143-200) 서울시 광진구 구의동 243-22
전화 | (02)454-0492
팩스 | (02)454-0493
이메일 ddiat@ddiat.co.kr
홈페이지 www.ddiat.co.kr

값 6,000원
ISBN 978-89-5854-056-4 (03810)

사랑한다는 말,
미치도록, 죽도록 사랑한다는 말

장서인 시집

도서출판 띠앗

서 시

내 청춘 갑니다
사랑은 가슴 속에 뼈를 묻고
우리는 서서히
더는 만날 수 없는 사람이 되어갑니다

남은 날들이 가고
지쳐 쓰러질 나이를 먹고 나면
그 옛날 사랑했던 이름들도
아득히 잊혀져 가겠지만
떠나간 그리운 그대 찾아
약속 없는 먼 길을 홀로 떠도는 일보다
그대 멀리 잊혀지길 기다리듯
긴 세월 주저앉아 말없이 살아가는 일은
더욱 힘이 들어

이제는 정말
그대를 찾아 나서야겠습니다

뒤를 돌아보면
우리가 살아왔던 날들은
이미 저물어 있고
우리 앞에 놓여진 날들은
또 하루
깊은 상심 속에 저물어갈 오늘을
말 없는 웃음으로 잊을 수 있기 위해
남겨두어야 할 시간인데
어쩌면 처음부터 잊을 수 없었던 사람을
약속 없는 먼 길로 떠나보내었던 것이
마지막 날까지 내 가슴에 남을

슬픈 병이 되었다면
이제는 정말
그대를 찾아 떠도는 일
하나로만 살아야겠습니다

✿차 례

2부. 너를 사랑하는 동안

3부. 슬픔에 대하여

1부

사랑한다는 말,
미치도록, 죽도록 사랑한다는 말

그리하여 내 곁에서 그대가 아름다웠던 것처럼
내가 닿을 수 없는 곳에서도 그대는 여전히 아름답고
그대 곁에서 내가 그대를 사랑했던 것처럼
그대에게 닿을 수 없는 곳에서도
나는 여전히 그대를 사랑할 수 있습니다

-〈나는 또 많은 날들을〉 중에서-

숨바꼭질

몇몇 사랑하는 사람들은
세월 속에 숨었고
몇몇 그리운 사람들은
무덤 속에 숨었다

나는 죽을 때까지 술래다

사랑한다는 말

사랑한다는 말,
미치도록, 죽도록 사랑한다는 말
나는 지금껏 한 번도 들어보지 못했다
그런 말해 본 적도 없다
무슨 말인지도 모른다
아무에게나 불쑥 손 내밀고 마는
거지 같은 내 외로움은
평생을 가슴 앓는 마음의 깊은 병인데
그대가 무심히 건네준 동전 한 닢,
동전 한 닢 같은 마음 한 자락
정중하게 사양하지 못하고
울듯 웃을 듯

한참이나 망설이며 쥐고 서 있는…

나의 고독은 그렇게 생겨먹었다

봉함엽서

— 어느 먼 작은 별의 친구에게

새들이 우는 건 본 적 있어도
웃는 건 본 적이 없다
태어나는 아기들 우는 건 본 적 있어도
웃는 건 본 적이 없다
개, 돼지, 말, 닭들이 우는 건 본 적 있어도
배꼽 잡고 웃는 건 본 적이 없다

오지 말아라

세상은 그렇게 슬픈 곳이다

나는 또 많은 날들을

나는 또 많은 날들을
혼자 떠돌며 살아갈 것이기에
문득 걸음을 멈추고
새 한 마리 뛰노는 먼 하늘을
하염없이 바라보는 순간이면
나는 여전히 그대가 그리울 것입니다
그런 날들엔
해바라기 무리지어 핀 들길을 홀로 걸으며
나이를 먹겠습니다
때론 비 그친 들판에 불을 피우고
젖은 몸을 말리며 잠이 든 동안에
생각보다 많은 날들이
슬픈 꿈처럼 흘러갈 수도 있을 것입니다

그러나 보다 많은 시간이 흐른 뒤에도
나는 그대를 잊지는 못하고 늙어갈 것입니다
우리가 함께 했던 날들은 행복하였으므로
우리가 헤어져 사는 날들엔 슬픔이 크겠지만
볼 수 없어도 믿고 살아갈 수 있다면
먼 훗날의 언젠간
오늘의 뼈아픔도
조용한 웃음으로 견딜 수 있을 것입니다
그리하여 내 곁에서 그대가 아름다웠던 것처럼
내가 닿을 수 없는 곳에서도 그대는 여전히 아름답고
그대 곁에서 내가 그대를 사랑했던 것처럼
그대에게 닿을 수 없는 곳에서도

나는 여전히 그대를 사랑할 수 있습니다
어쩌면 우리 죽는 날까지 더는 만날 수 없겠지만
어둠 속에 홀로 눈감을 마지막 순간에도
나는 그대를 잊지는 못하고 죽어갈 것입니다
나는 또 많은 날들을
혼자 떠돌며 살아갈 것이기에
문득 걸음을 멈추고
새 한 마리 뛰노는 먼 하늘을
하염없이 바라보는 순간이면
나는 여전히 그대가 그리울 것입니다
그런 날들엔
해바라기 무리지어 핀 들길을 홀로 걸으며
나이를 먹겠습니다

혼자 먹는 저녁

해 질 무렵 생각해 본다
만약, 그대 죽어서 이 세상에 없다면 얼마나 그리울까를…
곁에만 없어도 이처럼 사무치는데
뼈아픈 그리움인데
그대 만약 죽어서 이 세상 어디에도 없다면
나 무슨 힘으로 이 저녁 혼자 쓸쓸히 밥 먹을까를…
수저 들고 곰곰이 생각해 본다

- 살아 있을께요

늙고 지친 먼 훗날
꼭 한 번은 다시 만날 당신

……………………………………………詩作 메모#1

사랑에 대해 나는 쓴다.
끝장난 내 사랑에 대해 끝없이 주절거린다.
술에 취해 철 지난 유행가를 부른다.
청승이다.

내 마지막 소망은

나 지금은 그대를 떠나가지만
내 마지막 소망은
그대 곁에서 죽는 것

그대 품 안에 얌전히 누워
서서히 희미해져 가는
나의 심장 박동을 듣는 것

싸늘히 식어가는 내 창백한 이마를
그대 부드러운 손길로 쓸어 주는 것

그대 조용한 음정으로 부르는 자장가 소리에
내 마지막 거친 숨결 편안히 잠재우는 것

삶이 죽음으로 완성되듯
우리의 사랑 또한
그러할 수는 없을까
사랑한다는 말 끝내 하지 못하고
나 지금은 그대를 떠나가지만
내 마지막 소망은
그대 곁에서 죽는 것

늙고 지친 먼 훗날
뼈아픈 회한으로 돌아와
그대 앞에 숨 거두며
이주 오래 전, 처음 만난 그 날부터 사랑했다는 말
유언처럼 목이 메어 고백하는 것

너에게

어디 있는 거냐
대체 어디 가면 널 만날 수 있는 거냐
돌아오라, 그 날 우리의 이별은 어설펐다
우리 한 번 다시 만나자
아무리 생각해도
그 날 우리의 이별은 너무 어설펐다
우리 다시 만나자 다시 한 번 이별하자
이렇듯 긴 세월 아쉽고 그리울 일 없도록
서로의 가슴 단숨에 찢어놓을
모진 작별의 말 하나 단단히 품고서
우리 딱 한 번만 다시 만나자

먼 훗날

너는 너대로
나는 나대로
미칠 듯 사랑하면서도
이렇듯 이제 우린 서로 다른 길을 가지만
끝닿을 곳은 다 함께 평등하게 뼈 썩힐 깜깜한
무덤 속
그러면 그 때 우리 다시 만나
끝없이 아득한 밤하늘
무수한 별빛 속을 함께 거닐며
서로 손도 잡을 수 없는 귀신이 된 우리 못다한
사랑을
영원히 슬퍼하도록 하자

너 떠난 후

네가 없다고 내가 못 살까
엎드려 울기만 할까
너 없이도 해는 뜨고
하늘은 무너지지 않는다
너 없이도 나는
불을 피워 밥을 지어 먹는다
네가 떠난 빈자리
쓰리고 아프지만
누구나 한 번쯤 앓게 되는 마음의 몸살일 뿐
죽을병은 아니다
아무도 죽지 않는다
떼쓰는 아이처럼 우는 시늉 그만두고
너를 잃은 이 슬픔

이제 다만 조용히 견디고 싶다
모든 것이 끝나버린 듯
바람처럼 울며 헤매일 때도 있었지만
너 하나 잃는다고
세상이 끝나는 건 아니다
아무것도 끝나지 않는다
네가 가고 없어도
너를 향한 내 사랑
그대로인 것처럼

어쩌다가 너는

너를 생각하면
나는 아팠다
너를 잃고 서글픈 이 마음이 아니라
목숨 축낼 병이라도 얻은 듯
정말로 몸이 아팠다
어디가 어떻게, 왜 아픈 것인지
설명할 수 없지만
세상엔 형언할 수 없는
뼈아픔도 있는 것이다
어쩌다가 너는
생각하는 것만으로 나에게 독이 되는
쓰디쓴 사람이 되었나
너를 생각하다가

오늘도 몸이 상한 나는
독한 약 한 사발 한잔 술처럼 마시고
빈 들판에 몸져눕는다

이별 후에

영원한 건 없는 것이다
네가 나를 잊은 것과 같이
내 남은 그리움에도
끝이 있을 것이다
네게 버려진 마음의 슬픔도
시간이 흐른 뒤엔
날 울리지 못할 것이다
붉게 달궈졌던 내 심장 천천히 식어
마지막으로 본
네 얼굴
네 눈빛
네 영혼
아득히 잊고 살아갈 평화로운 날

언젠간 반드시 올 것이다
네가 나를 잊은 것처럼
내가 너를 그렇게 잊을 날
꼭 있을 것이다
누군가에게 잊혀진 만큼
그 누군가를 깨끗이 잊어주는 것,
어느 한구석 후련해지지 않는
쓸쓸한 복수이지만
그 일 하나 이루기 위해
나는 천년만년
아주 오래오래 살 것이다

허수아비

품 안 가득 바람을 안으려
두 팔 벌려 서는 일처럼 사랑은 덧없습니다
오랜 밤낮을 지켜온 수확이 끝난 들판에
정작 내 몫으로 남은 건
헛손질에 지친 그 덧없음뿐입니다
이제 그만 나를 눕혀 주십시오
잠들고 싶습니다

……………………………………詩作 메모#2

사랑이라는 말처럼 진부해져버린 단어가 또 있을까. 이제 더는 어떤 감정이나 의미도 담아낼 수 없는 말 같다.
영혼이 빠져나간 텅 빈 몸 같다. 썩는 냄새가 난다. 이런 단어가 아직도 수많은 시인들의 수많은 시에 쓰여진다는 건 놀라운 일이다. 지독한 악취에도 불구하고 대신할 만한 다른 말을 찾을 수 없기 때문이리라.

그대 잘 가라

그대 잘 가라
내리는 빗속으로 잘 가라, 외로운 사람
그대 갈 곳, 그곳으로
내가 먼저 달려가
우산 들고 기다릴 테니
그대 잘 가라
비 젖는 길 잘 가라
감기 조심하면서

짝사랑

그대 모르게
혼자만 알고 있는 사랑 하나

부끄러운 병이라
소리 소문 없이 속으로만 키우며

그대 아시면 어쩌나
그대 영영 모르시면 어쩌나

기다림에 대하여

내가 너를 기다리건, 기다리지 않건
떠나간 것들은
스스로 정한 길을 따라 한세상 떠돌 뿐이다
이미 나를 떠나 자유로운 네가
내가 기다리기 때문에 나에게 돌아오는 일은
기대하기 어렵다
그리하여 내가 너를 기다리는 일과는 아무런 상관없는 스스로의 길을 따라
너는 돌아오거나
혹은 끝내 돌아오지 않을 것이다
나의 기다림이 허망해서 슬픈 건 그런 이유다

사랑

봄이 오면 꽃이 피겠지
극성스럽게 피고 지던 그 버릇 개 못 주고
봄이 가면 덧없이 지고 말던 그 자리에 다시 피겠지
모두 잊고 처음인 듯

다시는 지지 않을 것처럼

2부

너를 사랑하는 동안

노래해다오, 귀 먼 나를 위해
동전은 주머니에 있다
나는 나불거리는 그대 입술을 눈으로 읽어
曲과 詩를 접치리라
진실로 내 마음 흔드는 건 슬픈 사랑과 죽음에 관해서일 뿐
이제는 쉬어버린 네 잠긴 목소리로 깊은 슬픔 노래해다오

-〈악사에게〉 중에서-

달팽이

이 느린 걸음으로는
가는 길만으로도 벅차다

돌아올 길은 꿈도 못 꾼다

그래서 한 번은 눈물나게 그리울 집
짐이 되어 무거워도 깨끗이 이고 간다

詩

생이 지루하여
너와 놀았다
네가 순하여
나는 지독해졌고
네가 눈부신 빛이어서
나는 상처투성이 눈먼 짐승이었으니
네가 아름다운 것일수록
나는 참혹했다
그리하여 고백하건데
너를 사랑하는 동안에도
나는 줄곧 너를 미워하였다
이제 너의 끝없음으로
나는 죽지만

아무것도 이룬 것 없으니
눈은 감지 못한다

길

내게 길 묻지 마라
내 갈 길 모르는 사람이다
가랑이 찢고 싶은 갈림길을 만나거든
차라리 동전을 던져라
바람에게 물어 보시던가
나는 모르겠다
여기가 어디인지
밥 굶은 짐승들에 포위된 숲길인지
캄캄한 낭떠러지 끝인지
대체 어쩌다가 여기까지 왔는지
나도 모르겠다
다만
늪처럼 자꾸 깊이 빠지는 발을 빼내려고

쉬지 않고 걸을 뿐이다
상처 깊은 짐승처럼 넘어지며
어둠 속을 헤매일 뿐이다
그런 난처한 표정으로
제발 내게 길 묻지 마라
내가 묻고 싶은 사람이다

바람 부는 날

바람 부는 날이면
나는 말 없이 떠나고 싶어진다

세상 같은 건 더러워서 버리고*
느리게 산 넘어가는 해처럼
서쪽으로 기울고 싶어진다

뒹구는 나뭇잎 하나 친구 삼아
지는 꽃잎 하나 팔짱 끼고
저 하늘 끝닿은 먼 길을
끝없이 거닐고 싶어진다

사랑 같은 건 유치해서 버리고
인적 없는 산중에 가부좌로 앉아
오래도록 까맣게 잊혀지고 싶어진다
잊고 싶어진다

바람 부는 날이면
모래밭에 새겨진 이름처럼
나는 지워지고 싶어진다
바람이 되고 싶어진다
이승을 떠돌다 지친 유령처럼
홀연히 사라지고 싶어진다

*백석 시인의 〈나와 나타샤와 흰 당나귀〉에서 인용

꽃무덤

살아서
꽃 같던 당신
죽은 몸은 꽃씨 같아서
다음 봄에 다시 피라고
마을 뒷산 해바른 곳에
곱게 심었네

가문 날이면 찾아가
눈물 뿌리네

……………………………………………詩作 메모#3

그대가 내게 마음을 닫아걸었을 때 어리석게도 나는 그 이유를 알지 못했다. 한참 지난 후에야 알았다. 나의 무심한 말 한마디가 그대 가슴에 씹힌 면도날처럼 날아가 박혔다는 것을. 후회했지만 돌이킬 수 없었다. 옛 성현들이 왜 둔감함과 어리석음이야말로 가장 극악무도한 것이라 일렀는지 알 것 같다. 용서를 구하고 싶지만 너무 늦은 것 같아 마음이 아프다. 나는 내가 말로 지은 죄를 갚느라 시를 쓴다.

눈 오는 풍경

허망한 것은
세월이 아니라 사람이었음을
알게 된 어느 날
나는 사랑하는 당신을
흙에 묻고
버릴 수 없는 당신의 옷가지들을 태우며
사는 동안
더는 만날 수 없는 당신을 생각했습니다

사는 일을 몹시도 좋아했던 사람이라
사는 동안 잊혀질지 모를 당신을 생각하다가
문득
죽어서 듣지도, 보지도 못하는 사람 앞이라고

마음 놓고 울었습니다

그때 하늘에선
흰 눈송이가 바람에 날려
이제 막 남은 흙 한 삽
곱게 떠올린
당신의 무덤 위에 내리고 있었습니다

첫눈이었습니다

강에서

그대를 안고 나는 미친 듯 흘러 다녔습니다
흘러 다니며 자꾸만 내 품 안 깊숙이 떨어지는
그대가 애처로워 혼자 울었습니다

찬 강물에 목 꺾여 버려진 저 갈대꽃 무더기가
마치 내게 떠맡겨진 그대 죽은 몸 같은 것이었
으므로

해바른 무덤 자리 하나 더듬어 찾을 때까지
저 강물도 미친 듯 혼자 울며 정처 없이 흘러가
고 있었습니다

해바라기

웃지 마라, 해바라기
이제 곧 어둠이 오리라
밤마다 허망해지는 제 이름을 스스로 못 이겨
깊은 한숨을 마지막 숨으로 내쉴 때
이제 곧 오리라

악사에게

노래해다오
귀 먼 나를 위해
동전은 주머니에 있다
나는 나불거리는 그대 입술을 눈으로 읽어
곡과 시를 점치리라
진실로 내 마음 흔드는 건
슬픈 사랑과 죽음에 관해서일 뿐
이제는 쉬어버린 네 잠긴 목소리로
깊은 슬픔 노래해다오
처량히 흐느껴다오
그러나 마음의 슬픔은 끝이 없는데
동전 몇 푼의 너의 노래는 너무 짧구나
다시 노래해다오

귀먼 나를 위해

아직 남아 있는 내 주머니 속 동전을 위해

빵이라도 때려다오

오래도록 울어보지 못한

나를 울려다오

자살에 대하여

내 어머니 가신 길이여
하얗게 지새웠던 수많은 밤들을
죄인처럼 깊이 숨어
숨 죽여 열망하던 소망이여
금지된 소망이여
아직 못다 이룬 소망이여

사랑의 끝

철없던 시절 나는
나뭇잎 떨구는 것은 바람뿐이라 믿었네
꽃잎 지우는 것이 계절뿐이라 믿었네
나의 어리석음엔 끝이 없어
미움만이 사랑의 끝이라 믿었네
하지만 그대
진정 사랑하므로 떠난다 했네

멀어지는 그대 뒷모습 멍하니 바라보며
나는 미치지 않을 수 없었네

그리움이라는 것

사랑을 잃어버린 사랑
잃어버린 사랑을 사랑하는 방법

이를 테면
눈부신 너의 자궁을 생각하며
자위하는 것

……………………………………詩作 메모#4

시를 쓰는 일의 부질없음을 견디기 힘들었다. 시의 부질없음은 삶의 부질없음과 닮아 있었다. 눈먼 격정의 시간이 지난 뒤엔 적막한 폐허만이 남을 뿐이었다. 내겐 사랑마저도 그러했다. 나는 희망을 잃었다.

너를 사랑하는 동안 · 1

너의 입맞춤만이 나를 살릴 길이었다
살다 지쳐 힘없이 꺼져버린 내 심장을
벅찬 떨림으로
가슴 터질 듯 다시 쿵쾅이게 할
인공호흡이었다

너를 사랑하는 동안 · 2

사랑은 병이었다
타오를 듯 위독한 열병이었다
너의 가늘고 하얀 손
그래서 만져지지 않았다
너는
고열에 신음하는 나의 눈부신 환영이었으므로-
사랑한다, 사랑한다, 사랑한다…
내 귀에 환청처럼 들리는
열에 들뜬 나의 헛소리

너를 사랑하는 동안 · 3

산 넘어 산이라고 했다
강 건너 강이라고 했다

네가 나를 향해 넘을 것인가, 내가 너를 향해 건널 것인가

산 넘어 강이라고 했다 강 건너 산이라고 했다

내가 너를 만나러 가는 길, 네가 나를 만나러 오는 길

입 가진 사람들 모두
너는 산을 넘다 죽고 나는 강에 빠져 죽을,

미친, 사랑이라고 했다

너를 사랑하는 동안 · 4

창가의 행운목은
오래도록 꽃을 피우지 않았다
꽃 피는 일의 기쁨보다
꽃 지는 일의 슬픔이 더 크다는 걸
이미 아는 까닭인지도 몰랐다
꽃 지는 일의 슬픔 뒤에야
알알이 눈물처럼 맺히는 투명한 열매를
아직 모르는 까닭인지도 몰랐다

3부

슬픔에 대하여

뜨거운 격정의 한 시절로 한평생을 배우고 가는
붉은 꽃잎처럼 살고 싶던 한때-
비탈진 세상에 함부로 몸 굴렸던 흉터 같은 것
술에 취해 어머니 무릎 위에 게워내던 울음 같은 것
거품 일던 열망 같은 것
이제는 모두 끌어다 짐승처럼 가두고 한없이 다스리는
참회의 계절
용서를 바라진 않습니다
다만, 마당 안 우물처럼 착해지고 싶을 뿐

-〈저수지에서〉 중에서-

겨울나무

모두 잃고 가진 것 없다

건드리면 맥없이 꺾일 듯한
찬 바람 속 깡마른 삭정이 같은 목숨뿐

그것마저 원한다면 바람이여
잠시 멈추어다오
일말의 두려움 같은
내 잔가지 끝 떨림을 멎게 해다오

마지막 남은 내 것 하나는
남겨질 미련 없이
내 손으로 네 앞에 꺾어 보이마

나는 무림으로 간다

거기 당신이 다스리던 폐허
눈물 마른 골짜기에
오늘은 꽃이 피는가
당신에게 꺾어 줄
향기로운 꽃송이 하나
이 세상에 없는가
사랑했고, 사랑하는 이름들
모두 내가 죽여버린 셈치고
이 빠진 부엌칼에
봇짐 하나 짊어진 채
목숨뿐인 이 젊음 탕진하러
나는 무림으로 간다
당신 죽이고 가는 길

개죽음도 고마운 터
살아 돌아오지 않거든
당신이 죽여버린 셈치거라
거기 당신이 다스리던 폐허
눈물 마른 골짜기에 나를 눕히고
상객들을 불러모아
평생에 후회 없을
꽃잔치나 하거라

강에서

당신 죽이고
나는 강으로 갔다
강물보다
내 죄가 깊어
죄는 씻지 못하고
가지고 간 소주나 마셨다
내가 사랑한 사람 중에
내가 죽이지 않은 사람 있던가
물에 젖어
죄는 무거워지고
나에게 언도될 그리움의 형량은
감형 없는 무기징역이거나
당신 살아 돌아오기 전에는 지울 수 없는

가슴의 주홍빛 낙인이겠지
아무런 죄 하나 씻지 못하는 강물은
핏빛 노을 물들어 조용히 흘러가는데
차갑게 등지고 나를 떠난 당신
깨끗이 내가 죽여버린 셈치고
나는 강가에 퍼질러 앉아 소주나 마셨다

몇 번을 고쳐 죽여도 시원찮을 당신

사는 이유

담배를 끊는 일과 목숨을 끊는 일…

둘 다 실패해 본 적 있는 사람들은 안다

끊었다 이어진 자리
얼마나 더 무섭게 질겨지는지

칼

한평생 칼을 갈았다
생에 단 한 번
필살의 일 획을 위해
앉으나 서나
잠이 들면 꿈속에서 칼을 갈았다
세월에 씻겨
칼은 사라지고
원혼 같은 칼의 잔영
만져지지 않는 달빛으로 남았다

까마귀 울면 내가 너를 베러 가리라
너의 목은 두고 너의 혼을 베리라
너의 몸 상처 하나 없이 살아서
쓰러진 너의 혼을 붙들고 울게 하리라

칼에게

들어오너라
내 가슴이 너의 집이다*
칼집 없는 추운 알몸으로 먼 길 걸어온 너의
핏물겹게 그리운 집이다
단단한 갈비뼈로 겹겹이 빗장 지른 내 가슴
누구에게 열어본 적 없기에
함부로 말할 수 없구나
너를 보면 쿵쾅이는 내 심장이
과연 겁에 질린 것인지
사랑에 빠진 것인지
가슴 깊숙이 찔러오는 너의 싸늘한 냉기에
나의 심장이 얼어붙는 순간의 전율은
무엇에 숨넘어가는 절정인지

어서 들어오너라

아무도 살지 않는 내 텅 빈 가슴이 너의 집이다

먼 길 달려온 고단한 자객이여

잠긴 내 마음의 열쇠여

불쑥 가슴 찢고 들어와

내 놀란 심장에 대고 속삭이거라

두렵지 않고 아프지 않은 사랑이

무슨 얼어 죽을 놈의 사랑이냐고

*셰익스피어의 〈Romeo and Juliet〉 인용

가을엔

가을엔 죽고 싶을 뿐입니다
용서하세요, 어머니…
견딜 수 없는 아무런 이유도 없습니다
날아가는 저 갈가마귀 떼
슬픈 일 없이 우는 것처럼
가을엔, 다만 가을이라
죽고 싶을 뿐입니다
허락지 않으시면
바람에 눕는 저 갈대들처럼 죽는 시늉이라도…

……………………………………詩作 메모#5

어쩌다가 시를 쓰게 됐는지 모르겠다. 후회한다. 나는 길을 잘못 든 것이다. 여기까지 오면서 얻은 게 있다면 나 자신이 시를 쓰기엔 지나치게 평범한 사람이라는 사실에 대한 뒷목 뻣뻣해지는 깨달음뿐이다. 내가 평범하다는 사실이 슬픈 게 아니라 그걸 너무 늦게 깨달았다는 사실이 슬프다.
이제 와 소용없는 얘기지만, 시가 없었다면 나는 얼마든지 행복하게 살 수 있었다.

슬픔에 대하여

아버지는 내가 딱 성인이 되던 해에 죽었다
그래서 아버지가 죽었을 때
나는 울지 않았다
화장실 가서 웃었다
정말이다
한평생 무능했고 술에 취해 비틀거리던
발정 난 짐승처럼 밖으로만 싸돌아
그 무심한 얼굴마저 가물거리던
이제는 싸늘해진 노인네를 위해서
내가 왜,
대체 왜 울어야 하나
아버지 죽은 귀신 보라고 화장실에 앉아서

독한 방귀처럼 피식 새나오는 웃음을 참지 못해
웃었다

어머니는 내가 두 살 나던 해에 죽었다
그래서 나는 그 때 어머니 죽은 몸 붙들고 울었다
세상 온갖 악을 써대며 울었다
슬퍼서?
아니,
배고프니까 젖 달라고

그 해 겨울, 무료급식소에서

끼니를 앞에 두고 손을 떠는 사람은 폐인입니다
쓰러지기 직전의 팽이처럼 도무지 진정될 수 없는 생의 고비
머리말 비상약처럼 허겁지겁 입에 가져가지만
건졌던 것 다시 모두 떨구어버린 떨리는 젓가락 끝의 허망함,
그릇째 들고 마시는 멀건 국사발의 울컥 쏟길 듯한 출렁임에
끝내 가슴 언저리 어디쯤을 적시고 마는 사람은
갈 곳 없는 폐인입니다
밥알의 더운 김을 쐴 때마다 발작처럼 쿨럭이는 기관지를
더 깊이 앓는 공복의 분별없는 숟가락질로 뭉개며

눈물보다 짜디짠 김치 조각과 다 먹고 모자란 검은 콩자반 사이를
바람 부는 겨울가지 끝처럼 흔들리던 저 사람
찌든 옷자락 속 흩어진 식구들의 번지 없이 떠도는 주소와
차마 전하지 못할 슬픈 안부의 꼬깃하게 구겨진 몸뚱이 하나
무풍의 무덤처럼 아늑한 지하도로 돌아갑니다

봄 · 1

어머니…
눈시울 뜨거워집니다
정말이지 눈시울 뜨거워집니다
우리는 아직도 텅 빈 겨울 들녘처럼 가난하고
살아야 할 날들은 여전히 가슴 시리고
어깨 아픈 짐이라는 거 저도 알지만
창을 열면 환하게 밀려드는 저 따사로운 햇살
햇살에 눈 녹듯 녹는 눈시울 어쩔 수 없이 뜨거워집니다

어머니…
저는 그만 허락 없이 웁니다

봄 · 2

철부지 송사리 떼 같은 아이들
맑고 따사로운 햇살 속을 요리조리 몰려다니고
새목련약국 앞 새로 놓인 우체통 옆에는
개나리처럼 노란 셔츠 입은 여자 하나 눈시리게
피어 있었다

꺾고 싶었다

봄 편지

그리운 혜련 스님, 속세는 꽃 피는 봄입니다
꽃술을 스친 바람은 향기롭습니다
곧 스님 계신 산중에도 봄이 오고
새들이 울고
털 뽑힌 짐승처럼 몹시 추워 보이던 스님의 머리에도
아무리 목탁을 두들겨도 끝내 뿌리 뽑을 수 없던
질긴 새싹이 파릇파릇 다시 돋아나겠죠
그냥 두면 동백 같은 꽃도 피겠죠

사랑하는 혜련 스님…
부디 하산하시길

……………………………………………詩作 메모#6

이제 어쩌면 시를 쓰지 않고도 살 수 있을 것 같다. 기적처럼 담배도 끊을 수 있을 것 같다. 다시 여자를 사귀고, 결혼도 하고, 아이도 가질 수 있을 것 같다. 직장 상사에게 아부도 할 수 있을 것 같다. 삶이 주는 시련 속에서 나는 결국 철들었다. 슬픔 속에 기뻐할 일이다.

오래된 흉터

숨죽여 때를 기다리는 화산처럼
반드시 다시 터질 날이 올 것만 같아
들끓는 용암 같은 붉은 핏물
언제고 다시 볼 일 생길 것 같아

미칠 듯 가려워도
나는 함부로 긁지 못한다

저수지에서

오래 가두어진 물은
순하게 길들여진 짐승처럼 잔잔했습니다
바람이 불면
잠시 잠에서 깬 듯
조용한 잔물결로 뒤척일 뿐이었습니다

얼마나 가파른 세월을 흘러온 후에야
제 몸 하나 이렇듯 잔잔히 다스릴 수 있는 것인지
날카로운 은빛 물음표 하나
깊은 수심에 던져 놓은 늙은 낚시꾼의 이마엔
주름 깊은 파문이 번져 있었습니다

뜨거운 격정의 한 시절로 한평생을 배우고 가는

붉은 꽃잎처럼 살고 싶던 한때-
비탈진 세상에 함부로 몸 굴렸던 흉터 같은 것
술에 취해 어머니 무릎 위에 게워내던 울음 같
은 것
거품 일던 열망 같은 것
이제는 모두 끌어다 짐승처럼 가두고
한없이 다스리는 참회의 계절

용서를 바라진 않습니다
다만, 마당 안 우물처럼 착해지고 싶을 뿐

모두들 큰 강을 이루어 떠난 뒤
어느 눈물마저 가문 날,

홀로 먼 길 돌아올 그대 타는 가슴 적시려고
다시 긴 세월
산그늘 찌든 캄캄한 물빛으로 익어갑니다

감기유감

감기는 슬픔인가
엊저녁부터 자꾸 목이 잠긴다
뭔가 뱉어질 듯
뱉어지지 않는 묘한 간지러움이
오랫동안 울어본 적 없는 내 목젖에 걸려 있어
나는 좀 불안하다
살면서 부끄러운 일도 많았다
열이 나는 듯싶으면
얼굴부터 붉어지는 건 그 때문일 거다
어린아이 같은 콧물과 늙어버린 기침소리…
몸이 무덥던 생의 열정도
끝이 나버린 사랑도
곱게 치루어 낸 열병처럼 이제는 모두 가고

더는 내 것이 아닌데

아직 삭이지 못한 무엇이 있어

내 속은 이렇게 뜨거운 몸살이 될까

두통이며 진땀 나는 오한으로

나를 또 한 번 다스려야 하는 까닭은

태울 것 없는 불씨로 앓아온

내 깊은 속 오랜 한숨 같은 것은 아닌지

더는 견디지 못하고

나는 약을 사러 추운 대문을 나선다

그러나 내가 알고 있기로는

오래 앓던 그리움처럼

감기엔

약이 없다

✿후 기

이 시집이 만들어지는 동안 나에게 힘을 보태주신 분들께 감사를 드리고 싶다.

수현이 형과 가족들, 그리고 투명한 바람의 얼굴을 가진 장혜숙 님, 순수한 마음으로 응원해 준 슬기 양, 그 외 함부로 호명할 수 없는 여러 분들이 없었다면 나는 지금보다 훨씬 외로웠을 것이다. 깊이 감사드린다.